डिजिटल मार्केटिंग के आधारभूत तत्व

FOR BEGINNERS

रामचन्द्र श्रीवास्तव

क्रम-सूची

क्रम-सूची

क्रम-सूची

भूमिका

यह लेखक के रूप में मेरी द्वितीय पुस्तक है। इसके पूर्व जो पुस्तक मैंने लिखी थी वह काल्पनिक कथा पर आधारित थी। उस पुस्तक के समाप्त होने के उपरांत मेरे ज्येष्ठ पुत्र आशीष श्रीवास्तव के द्वारा मुझे एक रचनात्मक विचार दिया गया जो इस पुस्तक की रचना का मूल था। उस विचार के अन्तर्गत यह सन्देश था कि अपने सार्थक ज्ञान को पुस्तक का रूप देकर उसे जरूरतमंदों तक पहुँचाया जाए और इस ओर मेरा यह प्रथम प्रयास है। भविष्य में भी यह प्रयास अनवरत क्रियाशील रहेगा। मैं आशा करता हूँ कि यह पुस्तक अपने विषय के जरूरतमंद लोगों को अपेक्षित लाभ पहुँचाएगी। त्रुटिसुधार हेतु पाठकों के विचार सादर आमंत्रित हैं।

विपणन (Marketing)

1.
विपणन (Marketing)

2.
विपणन योजना (Marketing Plan)

1

विपणन
(Marketing)

डिजिटल मार्केटिंग के विषय में समझने से पहले मार्केटिंग को समझना आवश्यक है जिसे विपणन भी कहा जाता है। विपणन के चार आधारभूत स्तम्भ हैं जिन्हें 4 Ps of Marketing भी कहा जाता है:-

- Product (उत्पाद)
- Price (मूल्य)
- Place (स्थान)
- Promotion (प्रोत्साहन)

विपणन (मार्केटिंग) एक सतत प्रक्रिया है जिसके अंतर्गत उत्पाद, मूल्य, स्थान, प्रोत्साहन जिन्हें प्रायः 4 Ps कहा जाता है, को मिला कर संभावित ग्राहक तक पहुँचने की योजना बनाई जाती है एवं उसे लागू किया जाता है। यह प्रक्रिया व्यक्तियों और संगठनों के बीच उत्पादों, सेवाओं या विचारों के विनिमय (Exchange) हेतु की जाती है।

विपणन को एक रचनात्मक उद्योग के रूप में देखा जाता है जिसके अन्तर्गत शामिल हैं:-

- Advertisement (विज्ञापन)
- Distribution (वितरण)
- Selling (बिक्री)

इसका सम्बन्ध ग्राहकों की भावी आवश्यकताओं और आकांक्षाओं का पूर्व विचार करने से भी है जो प्रायः बाज़ार शोध के माध्यम से पता लगाई जाती हैं जो कि मार्केटिंग कैम्पेन या मार्केटिंग सर्वे के द्वारा किया जाता है। मूलतः विपणन किसी संगठन को बनाने या निर्देशित करने की प्रक्रिया है ताकि लोगों को सफलतापूर्वक वह उत्पाद या सेवा बेची जा सके जिसकी न केवल उन्हें ज़रूरत है बल्कि वे उसे खरीदने के इच्छुक भी हैं। इसलिए अच्छा विपणन इस योग्य होना चाहिए कि वह उपभोक्ताओं हेतु एक "प्रस्ताव" या लाभों का समूह बना सके, ताकि उत्पादों या सेवाओं के माध्यम से ग्राहक को उसके पैसे का मूल्य चुकाया जा सके।

2

विपणन योजना (Marketing Plan)

एक बाज़ार केंद्रित या उपभोक्ता केंद्रित संगठन पहले मार्केटिंग कैम्पेन या मार्केटिंग सर्वे के द्वारा यह तय करता है कि उसके संभावित ग्राहक की आवश्यकता क्या है और तब उत्पाद (product) या सेवा की रचना की जाती है। जब ग्राहक किसी उत्पाद या सेवा को आवश्यकतानुसार उपयोग करता है या उसे कोई कथित लाभ प्राप्त होता है तो विपणन सिद्धांत और व्यवहार न्यायोचित माना जाता है।

विपणन योजना के मुख्यतः दो प्रमुख घटक हैं:-

- नए ग्राहकों को शामिल करना (अधिग्रहण)
- मौजूदा ग्राहकों को बनाए रखना एवं उनके साथ संबंधों का विस्तार करना (आधार प्रबंधन)

एक बार जब विक्रेता आने वाले क्रेता को अपना ग्राहक बना लेता है तो आधार प्रबंधन शुरू हो जाता है। आधार प्रबंधन के तहत जो प्रक्रिया आरम्भ होती है उसमें विक्रेता अपने ग्राहक के साथ सम्बन्ध विकसित करता है, संबंधों को पोषण देता है, दिए जा रहे लाभ में संवर्धन करता है और अपने उत्पाद/सेवा को निरंतर सुगम एवं सुविधाजनक बनाता

है ताकि उसका व्यापार प्रतिस्पर्धियों से सुरक्षित रहे। विपणन योजना की सफलता के लिए 4Ps का मिश्रण उपभोक्ताओं या लक्षित मार्केट की मांगों व आवश्यकताओं के अनुरूप होना चाहिए।

डिजिटल मार्केटिंग (Digital Marketing)

1.
डिजिटल मार्केटिंग (*Digital Marketing*)

2.
डिजिटल मार्केटिंग क्या है? (*What is digital marketing?*)

3.
डिजिटल मार्केटिंग बनाम इनबाउंड मार्केटिंग (*Inbound marketing vs digital marketing*)

4.
डिजिटल मार्केटिंग का महत्व (*Importance of digital marketing*)

5.
बी2बी बनाम बी2सी डिजिटल मार्केटिंग (*B2B vs B2C digital marketing*)

3

डिजिटल मार्केटिंग (Digital Marketing)

कोई भी विपणन जो इलेक्ट्रॉनिक उपकरणों का उपयोग करता है और विपणन विशेषज्ञों द्वारा प्रचार संदेश देने और आपकी ग्राहक यात्रा के माध्यम से इसके प्रभाव को मापने के लिए उपयोग किया जा सकता है। सीधे शब्दों में कहा जाए तो डिजिटल मार्केटिंग आमतौर पर उन विपणन अभियानों को संदर्भित करता है जो कंप्यूटर, फोन, टैबलेट या अन्य उपकरणों पर दिखाई देते हैं। यह ऑनलाइन वीडियो, डिस्प्ले विज्ञापन, खोज इंजन विपणन (SEO), भुगतान किए गए सामाजिक विज्ञापन और सोशल मीडिया पोस्ट सहित कई रूप में हो सकता है। डिजिटल मार्केटिंग की तुलना अक्सर पत्रिका विज्ञापन, बिलबोर्ड और प्रत्यक्ष मेल जैसे पारंपरिक विपणन (Traditional Marketing) से की जाती है।

4

डिजिटल मार्केटिंग क्या है? (What is digital marketing?)

डिजिटल मार्केटिंग, जिसे ऑनलाइन मार्केटिंग भी कहा जाता है, इंटरनेट और डिजिटल संचार के अन्य रूपों का उपयोग करके संभावित ग्राहकों से जुड़ कर अपने ब्रांड का प्रचार एवं प्रसार करने का साधन है। इसमें न केवल ईमेल, सोशल मीडिया और वेब-आधारित विज्ञापन शामिल हैं बल्कि मार्केटिंग चैनल के रूप में पाठ (Text) और मल्टीमीडिया संदेश भी शामिल हैं। यदि एक विपणन अभियान में अनिवार्य रूप से डिजिटल संचार शामिल है तो यह डिजिटल मार्केटिंग है।

5

डिजिटल मार्केटिंग बनाम इनबाउंड मार्केटिंग (Inbound marketing vs digital marketing)

डिजिटल मार्केटिंग और इनबाउंड मार्केटिंग में अधिकांश लोग सरलता से भ्रमित हो जाते हैं और दोनों ही क्रेता की यात्रा के माध्यम से विक्रय की संभावनाओं का ध्यान आकर्षित करने और उन्हें संभावित ग्राहकों में बदलने के लिए मौजूद हैं लेकिन दोनों का दृष्टिकोण उपकरण और लक्ष्य के बीच संबंधों के आधार पर भिन्न भिन्न होता है। इसे थोड़ा समझने का प्रयास करते हैं।

- डिजिटल मार्केटिंग मान्यता के अनुसार व्यक्तिगत उपकरण या डिजिटल चैनल द्वारा अधिक से अधिक संभावनाओं को परिवर्तित करने का प्रयास करते हैं। एक ब्रांड की डिजिटल मार्केटिंग रणनीति

अधिक से अधिक प्लेटफार्मों का उपयोग कर सकती है या केवल एक प्लेटफॉर्म पर ही अपने अधिक से अधिक प्रयासों को केंद्रित कर सकती है। उदाहरण के लिए, एक ब्रांड मुख्य रूप से अन्य डिजिटल मार्केटिंग राशियों की अनदेखी करते हुए केवल सोशल मीडिया प्लेटफार्मों या ईमेल मार्केटिंग अभियानों के लिए सामग्री बना सकता है।

- इनबाउंड मार्केटिंग की अवधारणा के अनुसार यह पहले लक्ष्य पर विचार करता है, फिर यह निर्धारित करने के लिए उपलब्ध उपकरणों को देखता है जो प्रभावी रूप से लक्षित ग्राहकों तक पहुंचेंगे, और फिर बिक्री की संभावनाओं को ढूंढने की कोशिश करता है। एक उदाहरण के रूप में, आप अधिक संभावनाओं और लीड उत्पन्न करने के लिए वेबसाइट ट्रैफ़िक को बढ़ावा देना चाहते हैं तो आप अपनी सामग्री विपणन रणनीति विकसित करते समय खोज इंजन अनुकूलन पर अधिक ध्यान केंद्रित कर सकते हैं जिसके परिणाम में ब्लॉग, लैंडिंग पृष्ठ सहित और अधिक अनुकूलित सामग्री हो सकती है।

डिजिटल मार्केटिंग और इनबाउंड मार्केटिंग के बारे में याद रखने वाली सबसे महत्वपूर्ण बात यह है कि मार्केटिंग प्रोफेशनल के रूप में आपको दो के बीच चयन नहीं करना है। वास्तव में वे एक साथ सबसे अच्छा काम करते हैं। इनबाउंड मार्केटिंग डिजिटल मार्केटिंग प्रयासों के लिए प्रभावी डिजिटल मार्केटिंग के लिए संरचना और उद्देश्य प्रदान करता है जिससे यह सुनिश्चित होता है कि प्रत्येक डिजिटल मार्केटिंग चैनल एक ही लक्ष्य की ओर काम करता रहे।

6

डिजिटल मार्केटिंग का महत्व (Importance of digital marketing)

किसी भी प्रकार का विपणन आपके व्यवसाय को सफल बनाने में योगदान दे सकता है। वर्तमान समय में डिजिटल चैनल विश्वस्तर पर बहुत ही सुलभ एवं विस्तृत हैं इसलिए बीते कुछ वर्षों में डिजिटल मार्केटिंग में बहुत ही तेजी से उछाल आया है। वास्तव में मुझे किसी परिचित ने बताया था कि एक वेबसाइट के आधार पर अकेले अप्रैल 2022 में वैश्विक स्तर पर 5 बिलियन इंटरनेट उपयोगकर्ता थे जो कि बहुत तेजी से बढ़ रहे हैं इसलिए डिजिटल मार्केटिंग आज किसी भी व्यवसाय का विस्तारण करने के लिए आवश्यक एवं महत्वपूर्ण प्रणाली हो गई है।

सोशल मीडिया से लेकर टेक्स्ट मैसेज तक, अपने संभावित ग्राहकों के साथ संवाद करने के लिए डिजिटल मार्केटिंग रणनीति का उपयोग करने के कई तरीके हैं। इसके अतिरिक्त, डिजिटल मार्केटिंग की लागत

न्यूनतम है जो इसे छोटे व्यवसायों के लिए अनुकूलित लागत प्रभावी विपणन तकनीक (Cost-effective marketing technique) बनाती है। यदि आज वर्तमान समय को डिजिटल मार्केटिंग का युग कहा जाए तो इसमें भी कोई आश्चर्य वाली बात नहीं होगी।

7

बी2बी बनाम बी2सी डिजिटल मार्केटिंग (B2B vs B2C digital marketing)

डिजिटल मार्केटिंग रणनीतियाँ B2B (व्यवसाय के लिए व्यवसाय) और B2C (उपभोक्ता के लिए व्यवसाय) दोनों कंपनियों के लिए काम करती हैं, लेकिन मार्केटिंग की प्रक्रिया दोनों के बीच काफी भिन्न होती हैं। बी2बी और बी2सी मार्केटिंग रणनीतियों में डिजिटल मार्केटिंग का उपयोग किस प्रकार से होता है थोडा समझने का प्रयास करते हैं।

1. B2B (व्यवसाय के लिए व्यवसाय)

- बी2बी में ग्राहकों के पास लंबे समय तक निर्णय लेने की प्रक्रिया होती है, और इस प्रकार बिक्री में अधिक समय लगता है। संबंध-निर्माण की रणनीति इन ग्राहकों के लिए बेहतर काम करती है।
- बी2बी में लेनदेन आमतौर पर तर्क और साक्ष्य पर आधारित होते हैं।

- बी2बी में निर्णयों को एक से अधिक व्यक्ति के इनपुट की आवश्यकता होती है।

1. B2C (उपभोक्ता के लिए व्यवसाय)

- बी2सी में ग्राहक अल्पकालिक प्रस्तावों और संदेशों का जवाब देते हैं।
- बी2सी में सामग्री भावनात्मक रूप से आधारित होने की अधिक संभावना है, ग्राहक को खरीद के बारे में अच्छा महसूस कराने पर ध्यान केंद्रित करना होता है।
- बी2सी में ग्राहक एक ब्रांड के साथ एक स्वतंत्र निर्णय का पक्ष लेते हैं।

सफलतापूर्वक सूचित और लक्षित ऑनलाइन मार्केटिंग अभियान बनाने के लिए अपने वर्तमान दर्शकों पर लगातार नज़र बनाए रखने की आवश्यकता होती है जिससे कि यह सुनिश्चित किया जा सके कि आपके विपणन प्रयास प्रभावी हैं और आप संभावित ग्राहकों का ध्यान अपनी ओर आकर्षित कर रहे हैं।

डिजिटल मार्केटिंग के प्रकार
(Types of digital marketing)

1.

डिजिटल मार्केटिंग के प्रकार (Types of digital marketing)

2.

खोज इंजन अनुकूलन (Search engine optimization)

3.

सामग्री विपणन (Content Marketing)

4.

सोशल मीडिया मार्केटिंग (Social Media Marketing)

5.

पे-पर-क्लिक मार्केटिंग (Pay-per-click marketing)

6.

संबद्ध विपणन (Affiliate Marketing)

7.

इन्फ्लुएंसर विपणन (Influencer Marketing)

8.

ईमेल विपणन (Email Marketing)

9.

मोबाइल मार्केटिंग (Mobile Marketing)

10.

विपणन स्वचालन (Marketing Automation)

8

डिजिटल मार्केटिंग के प्रकार (Types of digital marketing)

डिजिटल मार्केटिंग के भीतर कई विशेषताएँ हैं क्योंकि डिजिटल मीडिया का उपयोग करने के कई तरीके हैं। डिजिटल मार्केटिंग रणनीति के कुछ प्रमुख ज्ञात उदाहरण निम्नलिखित हैं।

- खोज इंजन अनुकूलन (Search engine optimization)
- सामग्री विपणन (Content Marketing)
- सोशल मीडिया मार्केटिंग (Social Media Marketing)
- पे-पर-क्लिक मार्केटिंग (Pay-per-click marketing)
- संबद्ध विपणन (Affiliate Marketing)
- इन्फ्लुएंसर विपणन (Influencer Marketing)
- ईमेल विपणन (Email Marketing)
- मोबाइल मार्केटिंग (Mobile Marketing)
- विपणन स्वचालन (Marketing Automation)

9

खोज इंजन अनुकूलन (Search engine optimization)

खोज इंजन अनुकूलन या एसईओ, तकनीकी रूप से अपने आप में विपणन के एक रूप के बजाय एक विपणन उपकरण है। इसे खोज इंजन के लिए वेब पृष्ठों को आकर्षक बनाने की कला और उच्चतम संभव रैंकिंग प्राप्त करने के लिए उपयोग किये जाने वाले एक विज्ञान के रूप में परिभाषित किया जा सकता है। एसईओ एक विज्ञान है क्योंकि इसके लिए आपको सर्च इंजन परिणाम पृष्ठ (एसईआरपी) पर उच्चतम संभव रैंकिंग प्राप्त करने के लिए विभिन्न योगदान कारकों पर लगातार शोध करने की आवश्यकता होती है।

आज के डिजिटल युग में खोज इंजन के लिए एक वेब पेज का अनुकूलन करने के लिए विचारणीय सबसे महत्वपूर्ण एवं आवश्यक तत्वों की सूची इस प्रकार हैं:-

- सामग्री की गुणवत्ता (Quality of content)
- उपयोगकर्ता का व्यस्तता स्तर (Level of user engagement)

- मोबाइल-मित्रता (Mobile-friendliness)
- इनबाउंड लिंक की संख्या और गुणवत्ता (Number and quality of inbound links)

उपरोक्त तत्वों के अलावा आपको तकनीकी एसईओ को अनुकूलित करने की आवश्यकता है जो आपकी साइट के सभी बैक-एंड घटक (Back-end components) हैं। इसमें यूआरएल संरचना, लोडिंग समय और टूटे हुए लिंक शामिल हैं। अपने तकनीकी एसईओ में सुधार करते रहना चाहिए यह खोज इंजन को आपकी साइट को बेहतर ढंग से नेविगेट करने और क्रॉल करने में मदद कर सकता है।

इन कारकों का रणनीतिक उपयोग खोज इंजन अनुकूलन को एक विज्ञान बनाता है, लेकिन इसमें शामिल अप्रत्याशितता इसे एक कला बनाती है। आखिरकार, इसका एकमात्र लक्ष्य खोज इंजन के परिणाम पृष्ठ के प्रथम पृष्ठ पर रैंक करना है। यह सुनिश्चित करता है कि जो लोग खोज इंजन पर आपके ब्रांड से संबंधित एक विशिष्ट शब्द की खोज करते हैं वे आसानी से आपके उत्पादों या सेवाओं को ढूंढ सकते हैं। जबकि कई डिजिटल विपणक अक्सर केवल गुगल पर ही ध्यान केंद्रित करते हैं क्योंकि यह खोज इंजन बाजार में एक वैश्विक स्तर पर सबसे ऊपर है। एसईओ में, खोज इंजन पर उच्च रैंकिंग के लिए कोई ठोस नियम नहीं है। गुगल और अन्य खोज इंजन अपने एल्गोरिदम में लगातार बदलाव करते रहते हैं, इसलिए यहाँ सटीक भविष्यवाणियां संभव नहीं है। आप लगातार अपने पृष्ठ के प्रदर्शन की बारीकी से निगरानी कर सकते हैं और तदनुसार अपनी रणनीति में बदलाव कर सकते हैं।

10
सामग्री विपणन (Content Marketing)

आपकी सामग्री की गुणवत्ता एक एसईओ अनुकूलित पृष्ठ के निर्माण का एक प्रमुख घटक है। नतीजतन एक लक्षित दर्शकों के लिए प्रासंगिक और मूल्यवान सामग्री के वितरण पर आधारित सामग्री विपणन की रणनीति में एसईओ एक महत्वपूर्ण कारक है।

किसी भी विपणन रणनीति के अनुसार सामग्री विपणन का उद्देश्य उन लोगों को आकर्षित करना है जो अंततः ग्राहकों में परिवर्तित हो जाते हैं लेकिन यह पारंपरिक विज्ञापन की तुलना में अलग है। किसी उत्पाद या सेवा से संभावित मूल्य के साथ संभावनाओं को लुभाने के बजाय यह लिखित सामग्री के रूप में सूचना प्रदान करता है और उत्पाद या सेवा के लिए जागरूकता पैदा करता है।

जैसे:

- ब्लॉग पोस्ट
- ई-पुस्तकें

- समाचार पत्र
- वीडियो या ऑडियो टेप
- श्वेतपत्र
- इन्फोग्राफिक्स

सामग्री विपणन मायने रखता है। सामग्री विपणन लेखकों का सामग्री विपणन जितना अधिक प्रभावी होगा खोज इंजन परिणामों में अत्यधिक रैंक करने की सम्भावना उतनी ही अधिक होगी साथ ही यह लोगों को व्यस्त करेगी, लोग सामग्री को पढ़ेंगे, इसे साझा करेंगे और ब्रांड के साथ आगे बातचीत करेंगे। जब सामग्री आवश्यकतानुसार होती है तो यह पूरे पाइपलाइन में मजबूत संबंध स्थापित कर सकती है।

अत्यधिक प्रासंगिक और आकर्षक प्रभावी सामग्री बनाने के लिए अपने दर्शकों की पहचान करना महत्वपूर्ण है।

क्या आप अंततः अपने सामग्री विपणन प्रयासों के साथ दर्शकों तक पहुंचने की कोशिश कर रहे हैं?

एक बार जब आप अपने दर्शकों की आवश्यकता बेहतर समझ जाते हैं तो आप अपने द्वारा बनाई गई सामग्री के प्रकार को निर्धारित कर सकते हैं। आप अपनी सामग्री विपणन में सामग्री के कई स्वरूपों का उपयोग कर सकते हैं जिसमें वीडियो, ब्लॉग पोस्ट, प्रिंट करने योग्य कार्यपत्रक और बहुत कुछ शामिल हैं।

आप किस सामग्री का निर्माण करते हैं यह सामग्री विपणन सर्वोत्तम प्रथाओं का पालन करने के लिए विचारणीय है। इसका मतलब है कि ऐसी सामग्री बनाना जो व्याकरणिक रूप से सही हो, त्रुटियों से मुक्त हो, समझने में आसान हो, प्रासंगिक हो और दिलचस्प हो। आपकी सामग्री से पाइप लाइन में अगले चरण में पाठकों को जुड़ाव महसूस होना चाहिए और उनका जवाब आप तक आना चाहिए चाहे वह बिक्री प्रतिनिधि के साथ एक निःशुल्क परामर्श से हो या साइनअप पृष्ठ से हो।

11

सोशल मीडिया मार्केटिंग (Social Media Marketing)

सोशल मीडिया मार्केटिंग का मतलब है ऑनलाइन चर्चा में लोगों को व्यस्त कर के अपने लिए ट्रैफिक लाना और अपने ब्रांड की जागरूकता को फैलाना। आप अपने ब्रांड, उत्पादों, सेवाओं, संस्कृति, और बहुत कुछ को उजागर करने के लिए सोशल मीडिया मार्केटिंग का उपयोग कर सकते हैं। सोशल मीडिया प्लेटफॉर्म पर अपना समय व्यतीत करने वाले अरबों लोगों के साथ, सोशल मीडिया मार्केटिंग पर ध्यान केंद्रित करना विपणन में सहायक और सार्थक हो सकता है।

सोशल मीडिया मार्केटिंग के लिए सबसे लोकप्रिय डिजिटल प्लेटफॉर्म फेसबुक, यूट्यूब, वाट्सएप, ट्विटर, लिंक्डइन और इंस्टाग्राम हैं। आपके व्यवसाय के लिए आपके द्वारा उपयोग किए जाने वाले सोशल मीडिया प्लेटफ़ॉर्म आपके लक्ष्यों और दर्शकों पर निर्भर करते हैं। उदाहरण के लिए यदि आप अपने बड़े स्टार्टअप के लिए नए लीड ढूंढना चाहते हैं तो लिंक्डइन पर अपने दर्शकों को लक्षित करना एक अच्छा विचार है क्योंकि व्यापार विशेषज्ञ इस प्लेटफॉर्म पर सक्रिय हैं।

दूसरी ओर यदि आप छोटे उपभोक्ताओं पर केंद्रित बी 2 सी चलाते हैं तो इंस्टाग्राम पर सोशल मीडिया विज्ञापन चलाना आपके ब्रांड के लिए बेहतर हो सकता है।

सोशल मीडिया मार्केटिंग में सक्रिय दर्शकों की भागीदारी शामिल है और यह ध्यान आकर्षित करने का एक लोकप्रिय तरीका बन गया है। सोशल मीडिया मार्केटिंग बिल्ट-इन एंगेजमेंट मेट्रिक्स प्रदान करता है जो आपको यह समझने में बेहद उपयोगी हैं कि आप अपने दर्शकों तक कितनी अच्छी पहुंच बना पा रहे हैं।

प्रत्यक्ष खरीद हमेशा आपके सोशल मीडिया मार्केटिंग रणनीति का एकमात्र लक्ष्य नहीं हो सकती है क्योंकि कई ब्रांड सोशल मीडिया मार्केटिंग का उपयोग दर्शकों के साथ संवाद शुरू करने के लिए करते हैं बजाय इसके कि वे तुरंत पैसा खर्च करने के लिए प्रोत्साहित करें। यह उन ब्रांडों में विशेष रूप से आम है जो पुराने दर्शकों को लक्षित करते हैं या त्वरित खरीद के लिए उपयुक्त उत्पादों और सेवाओं की पेशकश नहीं करते हैं। यह पूर्णतया आपकी कंपनी के सोशल मीडिया मार्केटिंग लक्ष्यों पर निर्भर करता है। एक प्रभावी सोशल मीडिया मार्केटिंग रणनीति बनाने के लिए सर्वोत्तम प्रथाओं का पालन करना महत्वपूर्ण है।

कुछ सबसे महत्वपूर्ण सोशल मीडिया मार्केटिंग सर्वोत्तम प्रथाएँ निम्नलिखित हैं:-

- उच्च गुणवत्ता और आकर्षक सामग्री का शिल्प
- पेशेवर तरीके से टिप्पणियों और सवालों का जवाब दें
- एक सोशल मीडिया पोस्टिंग शेड्यूल बनाएं
- सही समय पर पोस्ट करें
- अपने विपणन प्रयासों का समर्थन करने के लिए सोशल मीडिया प्रबंधकों को किराए पर लें
- अपने दर्शकों और उन सोशल मीडिया चैनलों को जानें, जिन पर वे सबसे अधिक सक्रिय हैं

12

पे-पर-क्लिक मार्केटिंग (Pay-per-click marketing)

पे-पर-क्लिक या पीपीसी डिजिटल मार्केटिंग का ही एक रूप है जिसमें आप हर बार किसी को अपने डिजिटल विज्ञापनों पर क्लिक करने पर शुल्क का भुगतान करते हैं इसलिए ऑनलाइन चैनलों पर लगातार लक्षित विज्ञापनों को चलाने के लिए एक निर्धारित राशि का भुगतान करने के बजाय आप केवल उन विज्ञापनों के लिए भुगतान करते हैं जिस तरह के विज्ञापनों की चर्चा सोशल मिडिया पर अधिक होती है1 इस प्रकार वेबसाइट पर ट्रेफ़िक की वृद्धि होती है

पीपीसी के सबसे सामान्य प्रकारों में से एक खोज इंजन विज्ञापन (search engine advertising) है और कई व्यवसाय इस उद्देश्य के लिए गुगल विज्ञापन (Google Ads) का उपयोग करते हैं क्योंकि गुगल सबसे लोकप्रिय खोज इंजन है1 जब कोई एक स्पॉट खोज इंजन परिणाम पृष्ठ पर उपलब्ध होता है, जिसे एक SERP के रूप में भी जाना जाता है तो इंजन उस स्थान को अनिवार्य रूप से एक त्वरित नीलामी के आधार पर भरता है1 एक एल्गोरिथ्म कई कारकों के आधार पर प्रत्येक

उपलब्ध विज्ञापन को प्राथमिकता देता है, जिसमें शामिल हैं।

- विज्ञापन की गुणवत्ता
- कीवर्ड प्रासंगिकता
- लैंडिंग पृष्ठ की गुणवत्ता
- बोली राशि

जैसे ही कोई व्यक्ति किसी विशिष्ट क्वेरी की खोज करता है तो पीपीसी विज्ञापनों को खोज इंजन परिणाम पृष्ठों के शीर्ष पर रखा जाता है। प्रत्येक पीपीसी अभियान में एक या अधिक लक्ष्य क्रियाएं होती हैं जिन्हें दर्शक किसी विज्ञापन पर क्लिक करने के बाद पूरा करते हैं। इन कार्यों को रूपांतरण के रूप में जाना जाता है और वे वित्तीय या गैर-वित्तीय हो सकते हैं। खरीदारी करना, एक न्यूज़लेटर साइनअप या आपके घर कार्यालय में किया गया कॉल ऐसा ही एक रूपांतरण है। आप अपने लक्ष्य के रूपांतरण के रूप में जो भी प्रक्रिया चुनते हैं आप उन्हें अपने चुने हुए डिजिटल मार्केटिंग चैनलों के माध्यम से ट्रैक कर सकते हैं कि आपका अभियान कैसा चल रहा है।

13

संबद्ध विपणन (Affiliate Marketing)

संबद्ध विपणन एक डिजिटल मार्केटिंग रणनीति है जो किसी व्यक्ति को किसी अन्य व्यक्ति के व्यवसाय को बढ़ावा देकर पैसा बनाने देती है। आप या तो प्रमोटर हो सकते हैं या व्यवसाय जो प्रमोटर के साथ काम करता है लेकिन प्रक्रिया किसी भी मामले में समान है।

यह एक बिक्री लाभ के साझाकरण मॉडल का उपयोग करके काम करता है। यदि आप संबद्ध हैं तो जब भी कोई आपके द्वारा प्रचारित आइटम खरीदता है तो आपको हर बार एक निश्चित कमीशन मिलता है। यदि आप व्यापारी हैं तो जो संबद्ध के रूप में बिक्री में आपकी मदद करते हैं आप उन्हें हर बिक्री के लिए एक निश्चित भुगतान करते हैं।

कुछ संबद्ध विपणक सिर्फ एक कंपनी के उत्पादों की समीक्षा करने के लिए चुनाव करते हैं तो वहीं कुछ संबद्ध विपणक दूसरे कई व्यापारियों के साथ संबंध रखते हैं। यह पूरी तरह से संबद्ध विपणक के निर्णय पर है कि वह एक या अधिक व्यापारियों का चुनाव करते हैं।

चाहे आप एक संबद्ध विपणक बनना चाहते हों या संबद्ध विपणक को ढूंढना चाहते हों, पहला कदम दूसरे पक्ष के साथ संबंध बनाना है। आप एकल-रिटेलर प्रोग्राम के साथ जुड़ सकते हैं या शुरू कर सकते हैं और खुदरा विक्रेताओं के साथ संबद्ध को जोड़ने के लिए डिज़ाइन किए गए डिजिटल चैनलों का उपयोग भी कर सकते हैं।

यदि आप एक व्यवसाय हैं और आप सीधे संबद्ध विपणक के साथ काम करना चुनते हैं तो आपको उन सहयोगियों को सफल होने के लिए कुछ विपणन उपकरणों को प्रदान करने की आवश्यकता होगी। जिससे की लाभकारी परिणाम प्राप्त किए जा सकें। इसमें महान परिणामों के लिए विपणन उपकरण के साथ-साथ पूर्व-निर्मित सामग्री के लिए प्रोत्साहन भी शामिल हैं।

14

इन्फ्लुएंसर विपणन (Influencer Marketing)

संबद्ध विपणन की तरह इन्फ्लुएंसर मार्केटिंग एक प्रभावशाली व्यक्ति के साथ काम करने पर निर्भर करता है- जैसे कि एक बड़े अनुसरण (followers) वाला व्यक्ति, सेलिब्रिटी, उद्योग विशेषज्ञ या सामग्री निर्माता-एक्सपोज़र। कई मामलों में ये प्रभावशाली व्यक्ति कई सोशल मीडिया चैनलों पर अपने अनुयायियों को आपके उत्पादों या सेवाओं का समर्थन करते हैं। इन्फ्लुएंसर मार्केटिंग बी 2 बी और बी 2 सी कंपनियों के लिए अच्छी तरह से काम करती है जो नए दर्शकों तक पहुंचना चाहते हैं। प्रतिष्ठित प्रभावशाली लोगों के साथ साझेदारी करना महत्वपूर्ण है क्योंकि वे अनिवार्य रूप से आपके ब्रांड का प्रतिनिधित्व कर रहे हैं। गलत प्रभावकारी व्यक्ति आपके व्यवसाय के साथ उपभोक्ताओं के विश्वास को भी धूमिल कर सकता है।

15

ईमेल विपणन
(Email Marketing)

ईमेल मार्केटिंग की अवधारणा अत्यधिक सरल है — आप एक प्रचार संदेश भेजते हैं और आशा करते हैं कि आपके संभावित ग्राहक इस पर क्लिक करेंगे। हालांकि इसका निष्पादन बहुत अधिक जटिल है क्योंकि सबसे पहले आपको यह सुनिश्चित करना होगा कि आपके संभावित ग्राहक किस तरह के ईमेल चाहते हैं। इसका मतलब है कि हमारे पास एक ऑप्ट-इन सूची होना जो निम्नलिखित कार्य करता है:

- सामग्री को संरचना और विषय पंक्ति दोनों में अलग-अलग विभाजित करता है
- जिसमें स्पष्ट रूप से बताया जाता है कि ग्राहक को किस तरह के ईमेल मिलेंगे
- एक ईमेल हस्ताक्षर जो एक स्पष्ट सदस्यता समाप्त विकल्प प्रदान करता है
- लेन-देन और प्रचार ईमेल दोनों को एकीकृत करता है

क्या आप चाहते हैं कि आपके अभियान को लोग एक प्रचार उपकरण के रूप में न केवल देखें बल्कि एक मूल्यवान सेवा के रूप में भी उनका

उपयोग भी करें?

ईमेल मार्केटिंग अपने आप में एक सिद्ध, प्रभावी तकनीक है अधिकतर पेशेवरों ने इसे अपने सबसे प्रभावी लीड जनरेटर के रूप में नामित किया है।

यह और भी बेहतर हो सकता है यदि आप अन्य डिजिटल मार्केटिंग तकनीकों जैसे मार्केटिंग ऑटोमेशन को शामिल करते हैं जो आपको अपने ईमेल को सेगमेंट और शेड्यूल करने देता है ताकि वे आपके ग्राहक की जरूरतों को अधिक प्रभावी ढंग से पूरा कर सकें।

यदि आप ईमेल मार्केटिंग पर विचार कर रहे हैं तो यहां कुछ सुझाव दिए गए हैं जो आपको शानदार ईमेल विपणन अभियानों को तैयार करने में मदद कर सकते हैं:-

- अपने दर्शकों को सही लोगों तक प्रासंगिक अभियान भेजने के लिए तैयार करें
- सुनिश्चित करें कि आपके ईमेल मोबाइल उपकरणों पर अच्छे लगते हैं
- एक अभियान अनुसूची बनाएँ
- ए / बी परीक्षण चलाएं

16

मोबाइल मार्केटिंग (Mobile Marketing)

मोबाइल मार्केटिंग एक डिजिटल मार्केटिंग रणनीति है जो आपको अपने मोबाइल उपकरणों जैसे स्मार्टफोन और टैबलेट पर अपने लक्षित दर्शकों के साथ जुड़ने की अनुमति प्रदान करती है। यह एसएमएस, एमएमएस संदेश, सोशल मीडिया सूचनाएं, मोबाइल ऐप अलर्ट आदि के माध्यम से हो सकता है। यह सुनिश्चित करना महत्वपूर्ण है कि सभी सामग्री मोबाइल उपकरणों के लिए अनुकूलित है।

17

विपणन स्वचालन (Marketing Automation)

मार्केटिंग ऑटोमेशन सॉफ्टवेयर का उपयोग डिजिटल मार्केटिंग अभियानों को तीव्रता प्रदान करता है और विज्ञापन की दक्षता और प्रासंगिकता में सुधार करता है। परिणामस्वरूप आप बोझिल और समय लेने वाली प्रक्रियाओं के बजाय अपने डिजिटल मार्केटिंग प्रयासों के पीछे रणनीति बनाने पर ध्यान केंद्रित कर सकते हैं।

मार्केटिंग ऑटोमेशन एक लग्जरी टूल की तरह है जिसे आपका व्यवसाय आपके बिना कर सकता है और आपके दर्शकों के बीच की व्यस्तता को बेहतर बना सकता है।

मार्केटिंग ऑटोमेशन से कंपनियों को निजीकरण के अनुभव के साथ रहने की सुविधा मिलती है क्योंकि यह ब्रांडों को निम्नलिखित अनुमति देता है:

- उपभोक्ता जानकारी एकत्र और विश्लेषण करें
- डिजाइन लक्षित विपणन अभियान चलाएँ

• सही समय पर डिजिटल मार्केटिंग संदेश भेजें और पोस्ट करें

कई मार्केटिंग ऑटोमेशन टूल प्रॉस्पेक्ट एंगेजमेंट का उपयोग करते हैं यह निर्धारित करने के लिए कि कब और कैसे आगे पहुंचना है। इस स्तर का मतलब है कि आप किसी भी अतिरिक्त समय के निवेश के बिना प्रत्येक ग्राहक के लिए एक व्यक्तिगत विपणन रणनीति प्रभावी ढंग से बना सकते हैं।

डिजिटल मार्केटिंग के लाभ (The benefits of digital marketing)

1.

डिजिटल मार्केटिंग के लाभ (*The benefits of digital marketing*)

2.

वृहद भौगोलिक पहुंच (*Broad geographic reach*)

3.

लागत दक्षता (*Cost efficiency*)

4.

मात्रात्मक परिणाम (*Quantifiable results*)

5.

आसान निजीकरण (*Easier personalization*)

6.

ग्राहकों के साथ अधिक संबंध (*More connection with customers*)

7.

आसान और सुविधाजनक रूपांतरण *(Easy and convenient conversions)*

18

डिजिटल मार्केटिंग के लाभ (The benefits of digital marketing)

आज के वर्तमान दौर को डिजिटल युग कहा जाता है इसलिए विपणन क्षेत्र में भी डिजिटल मार्केटिंग काफी हद तक प्रमुख हो गई है क्योंकि यह व्यापक दर्शकों तक पहुंचती है। हालांकि, यह कई अन्य लाभ भी प्रदान करता है जो आपके विपणन प्रयासों को बढ़ावा दे सकते हैं।

ये डिजिटल मार्केटिंग के कुछ लाभ हैं:-

- वृहद भौगोलिक पहुंच
- लागत दक्षता
- मात्रात्मक परिणाम
- आसान निजीकरण
- ग्राहकों के साथ अधिक संबंध
- आसान और सुविधाजनक रूपांतरण

19

वृहद भौगोलिक पहुंच (Broad geographic reach)

जब आप एक विज्ञापन ऑनलाइन पोस्ट करते हैं, तो लोग इसे देख सकते हैं कि वे भौगोलिक रूप से कहाँ हैं (बशर्ते आपने अपना विज्ञापन भौगोलिक रूप से सीमित न किया हो)। इससे आपके व्यवसाय की पहुंच को बढ़ाना और विभिन्न डिजिटल चैनलों पर बड़े दर्शकों के साथ जुड़ना आसान हो जाता है।

20

लागत दक्षता (Cost efficiency)

डिजिटल मार्केटिंग न केवल पारंपरिक विपणन की तुलना में व्यापक दर्शकों तक पहुंचती है बल्कि न्यूनतम लागत भी वहन करती है। अखबार के विज्ञापनों, टेलीविजन स्पॉट और अन्य पारंपरिक विपणन अवसरों के लिए ओवरहेड लागत अधिक होती है और यह आवश्यक भी नहीं कि यह आपके उन संदेशों को आपके लक्षित दर्शक तक लेकर ही जाए।

डिजिटल मार्केटिंग में आप केवल एक कंटेंट पीस बना सकते हैं जो आगंतुकों को आपके ब्लॉग पर तब तक खींचता है जब तक यह सक्रिय है। आप एक ईमेल मार्केटिंग अभियान बना सकते हैं जो एक शेड्यूल पर लक्षित ग्राहक सूचियों को संदेश वितरित करता है और यदि आपको उसे बदलने की आवश्यकता है तो उस शेड्यूल या सामग्री को बदलना आसान है। जब आप इसे जोड़ते हैं तो डिजिटल मार्केटिंग आपको अपने विज्ञापन खर्च के लिए बहुत अधिक लचीला ग्राहक संपर्क प्रदान करता है।

21

मात्रात्मक परिणाम (Quantifiable results)

यह जानने के लिए कि आपकी मार्केटिंग रणनीति काम करती है या नहीं आपको यह पता लगाना होगा कि यह कितने ग्राहकों को अपनी ओर आकर्षित करता है और अंततः कितना लाभ प्राप्त करता है लेकिन आप गैर-डिजिटल मार्केटिंग रणनीति के साथ ऐसा कैसे कर सकते?

प्रत्येक ग्राहक से पूछने का पारंपरिक विकल्प हमेशा होता है, " हम तक आपके पहुँचने का स्रोत क्या है?"

लेकिन यह सभी जगह काम नहीं करता है। कई कंपनियों को अपने ग्राहकों के साथ एक-एक बातचीत करने की ज़रूरत नहीं है और यह भी सत्य है कि सर्वेक्षण से हमेशा पूर्ण परिणाम नहीं मिलते हैं।

डिजिटल मार्केटिंग के साथ परिणाम की निगरानी और विश्लेषण करना सरल है। डिजिटल मार्केटिंग सॉफ़्टवेयर और प्लेटफ़ॉर्म स्वचालित रूप से वांछित रूपांतरणों जैसे ईमेल खुली दरें, आपके होम पेज पर विज़िट या प्रत्यक्ष खरीद की संख्या को ट्रैक करते हैं जो आपको समय समय पर मिलते रहते हैं।

22

आसान निजीकरण (Easier personalization)

डिजिटल मार्केटिंग आपको ग्राहक डेटा को इस तरह से इकट्ठा करने की अनुमति देता है जो ऑफ़लाइन विपणन नहीं कर सकता है। डिजिटल रूप से एकत्र किया गया डेटा बहुत अधिक सटीक होता है।

कल्पना कीजिए कि आप वित्तीय सेवाओं की पेशकश करते हैं और इंटरनेट उपयोगकर्ताओं को विशेष ऑफ़र भेजना चाहते हैं जिन्होंने आपके उत्पादों को देखा है। आप जानते हैं कि यदि आप व्यक्ति के व्यक्तिगत लाभ के लिए प्रस्ताव को लक्षित करते हैं तो आपको बेहतर परिणाम मिलेंगे इसलिए आप दो अभियान तैयार करने का निर्णय लेते हैं। एक युवा परिवारों के लिए है जिन्होंने आपके जीवन बीमा उत्पादों को देखा है और दूसरा बुजुर्ग उद्यमियों के लिए है जिन्होंने आपकी सेवानिवृत्ति योजनाओं पर विचार किया है।

आप गैर-डिजिटल मार्केटिंग रणनीति के साथ स्वचालित ट्रैकिंग के बिना उन सभी डेटा को कैसे इकट्ठा करेंगे? आपको कितने फोन रिकॉर्ड से गुजरना होगा? कितने ग्राहक प्रोफाइल? और आप कैसे जान पाएँगे

कि आपके द्वारा भेजे गए विवरणिका को किसने पढ़ा है या नहीं पढ़ा है? डिजिटल मार्केटिंग के साथ यह सभी जानकारी पहले से ही आपकी उंगलियों पर है।

कि आपके द्वारा भेजे गए विवरणिका को किसने पढ़ा है या नहीं पढ़ा है? डिजिटल मार्केटिंग के साथ यह सभी जानकारी पहले से ही आपकी उंगलियों पर है।

23

ग्राहकों के साथ अधिक संबंध (More connection with customers)

डिजिटल मार्केटिंग आपको वास्तविक समय में अपने ग्राहकों के साथ और ग्राहकों को आपके साथ परस्पर संवाद करने देता है।

अपनी सोशल मीडिया रणनीति के बारे में सोचें! यह बहुत अच्छा है जब आपके लक्षित दर्शक आपकी नवीनतम पोस्ट देखते हैं, लेकिन यह तब और उत्तम होता है जब वे इस पर टिप्पणी करते हैं या इसे साझा करते हैं। इसका मतलब है कि आपके उत्पाद या सेवा पर दृश्यता में वृद्धि के साथ ही आसपास अधिक चर्चा और हर बार किसी की बातचीत में शामिल होने सम्भावना बढ़ती ही जाती है।

सक्रिय भागीदारिता आपके ग्राहकों को भी लाभ पहुंचाती है। आपके ब्रांड की कहानी में सक्रिय भागीदार बनते ही उनकी व्यस्तता का स्तर बढ़ जाता है। स्वामित्व की भावना ब्रांड के प्रति एक मजबूत भावना पैदा करती है।

24

आसान और सुविधाजनक रूपांतरण (Easy and convenient conversions)

डिजिटल मार्केटिंग आपके ग्राहकों को आपके विज्ञापन या सामग्री को देखने के तुरंत बाद कार्रवाई करने देता है1 पारंपरिक विज्ञापनों के साथ सबसे तात्कालिक परिणाम जिसकी आप आशा कर सकते हैं वह है किसी के विज्ञापन को देखने के तुरंत बाद एक फोन कॉल1 लेकिन कितने लोग अपने व्यस्ततम समय में से एक फोन कॉल के समय निकाल पाते हैं?

डिजिटल मार्केटिंग के साथ वे एक लिंक पर क्लिक कर सकते हैं या एक ब्लॉग पोस्ट पर तुरंत एक बिक्री के साथ आगे बढ़ सकते हैं1 वे तुरंत खरीदारी नहीं कर सकते हैं लेकिन वे आपके साथ जुड़े रहेंगे और आपको उनके साथ बातचीत करने का मौका भी देंगे1

डिजिटल मार्केटिंग रणनीति कैसे बनाएं (How to create a digital marketing strategy)

1.

डिजिटल मार्केटिंग रणनीति कैसे बनाएं (How to create a digital marketing strategy)

2.

स्मार्ट लक्ष्य निर्धारित करें (Set SMART goals)

3.

अपने दर्शकों को पहचानें (Identify your audience)

4.

एक बजट बनाएँ (Create a budget)

5.

अपने डिजिटल मार्केटिंग चैनल चुनें (Select your digital marketing channels)

6.

अपने विपणन प्रयासों को परिष्कृत करें (Refine your marketing efforts)

25

डिजिटल मार्केटिंग रणनीति कैसे बनाएं (How to create a digital marketing strategy)

कई छोटे व्यवसायों और शुरुआती डिजिटल विपणक के लिए डिजिटल मार्केटिंग के साथ शुरुआत करना थोड़ा मुश्किल हो सकता है, हालाँकि आप अपने कार्य की शुरुआत में निम्नलिखित चरणों का उपयोग करके ब्रांड जागरूकता, ग्राहक व्यस्तता और बिक्री बढ़ाने के लिए एक प्रभावी डिजिटल मार्केटिंग रणनीति बना सकते हैं।

- स्मार्ट लक्ष्य निर्धारित करें
- अपने दर्शकों को पहचानें
- एक बजट बनाएँ
- अपने डिजिटल मार्केटिंग चैनल चुनें

- अपने विपणन प्रयासों को परिष्कृत करें

- अपने विपणन प्रयासों को परिष्कृत करें

26

स्मार्ट लक्ष्य निर्धारित करें (Set SMART goals)

- S: Specific
- M: Measurable
- A: Achievable
- R: Realistic
- T: Timely

विशिष्ट, औसत दर्जे का, प्राप्त करने योग्य, प्रासंगिक और समय पर (SMART) लक्ष्य किसी भी विपणन रणनीति के लिए महत्वपूर्ण है, हालांकि कई लक्ष्य हैं जिन्हें आप प्राप्त करना चाहते हैं उन पर भी ध्यान केंद्रित करने की कोशिश करें जो आपकी रणनीति स्थिर रखने की बजाय को आगे बढ़ाएंगे1

27

अपने दर्शकों को पहचानें (Identify your audience)

किसी भी विपणन अभियान को शुरू करने से पहले अपने लक्षित दर्शकों की पहचान करना सबसे महत्वपूर्ण और आवश्यक कार्य है1 आपका लक्षित दर्शक उन लोगों का समूह है जिन तक आप चाहते हैं कि आपका अभियान समान विशेषताओं, जैसे कि उम्र, लिंग, जनसांख्यिकीय या क्रय व्यवहार के आधार पर पहुंचे1 अपने लक्षित दर्शकों की अच्छी समझ होने से आपको यह निर्धारित करने में सहायता मिलेगी कि लक्षित दर्शकों को आपके अभियानों में शामिल करने के लिए कौन से डिजिटल मार्केटिंग चैनल का उपयोग करना सबसे अधिक उपयुक्त है1

28

एक बजट बनाएँ
(Create a budget)

एक बजट यह सुनिश्चित करता है कि आप डिजिटल मार्केटिंग चैनलों पर ओवरस्पीडिंग के बजाय अपने लक्ष्यों के लिए प्रभावी ढंग से अपना पैसा खर्च कर रहे हैं क्योंकि ओवरस्पीडिंग आपको आपके वांछित परिणाम प्रदान नहीं कर सकता है। अपने स्मार्ट लक्ष्यों और उस डिजिटल चैनल जिसका आप उपयोग करने वाले हैं, के बजट पर भी विचार करना अति आवश्यक है जिससे कि आप अपने आशातीत परिणाम को प्राप्त कर सकें।

29

अपने डिजिटल मार्केटिंग चैनल चुनें (Select your digital marketing channels)

कंटेंट मार्केटिंग से लेकर पीपीसी अभियानों के अलावा और भी कई डिजिटल मार्केटिंग चैनल हैं जिनका उपयोग आप अपने लाभ के लिए कर सकते हैं. आपके द्वारा अक्सर उपयोग किए जाने वाले कौन से डिजिटल मार्केटिंग चैनल हैं यह आपके लक्ष्यों, दर्शकों और बजट पर निर्भर करते हैं।

30

अपने विपणन प्रयासों को परिष्कृत करें (Refine your marketing efforts)

अभियान समाप्त होने के बाद सुधार के लिए क्या किया जाना है इसकी पहचान करने के लिए अपने अभियान के डेटा का विश्लेषण करना बहुत ही आवश्यक है। यह आपको भविष्य में और भी बेहतर अभियान बनाने का अनुभव देता है। डिजिटल प्रौद्योगिकियों और सॉफ़्टवेयर की सहायता से आप इस डेटा को एक आसान-से-दृश्य डैशबोर्ड में प्राप्त कर सकते हैं।

निष्कर्ष (onclusion)

1.
डिजिटल मार्केटिंग से विकास होता है (Digital marketing creates growth)

31

डिजिटल मार्केटिंग से विकास होता है (Digital marketing creates growth)

डिजिटल मार्केटिंग लगभग किसी भी व्यवसाय की समग्र विपणन रणनीति के आवश्यक प्राथमिक मान्यताओं में से एक होना चाहिए। इससे पहले कभी भी अपने ग्राहकों के साथ इस तरह के लगातार संपर्क में रहने का कोई तरीका निजीकरण के स्तर को सुनिश्चित रखते हुए नहीं रहा है जो डिजिटल डेटा प्रदान कर सकता है। जितना अधिक आप डिजिटल मार्केटिंग की संभावनाओं को स्वयं के लिए अपनाते हैं उतना ही अधिक आप अपनी कंपनी की विकास क्षमता का एहसास कर कर पाते हैं।